a menina do Vale

Bel Pesce

a menina do Vale

como o empreendedorismo pode mudar sua vida

Casa da Palavra

Este livro foi revisado segundo o Novo Acordo Ortográfico da Língua Portuguesa.

Direção editorial: Martha Ribas | Ana Cecilia Impellizieri Martins

Editora executiva: Maria João Costa

Coordenadora de produção: Fernanda Cardoso Zimmerhansl

Assistente de produção: Marina Boscato Bigarella

Copidesque: Rodrigo Rosa

Revisão: Adriana Alves

Ilustrações de miolo: André Debs, Agência Yeah!

Capa: Laboratório Secreto

Foto da autora: Ayla Safir

Projeto gráfico de miolo e diagramação: Miriam Lerner

CIP-BRASIL. CATALOGAÇÃO-NA-FONTE
SINDICATO NACIONAL DOS EDITORES DE LIVROS, RJ

P562m
Pesce, Bel
A menina do vale : como o empreendedorismo pode mudar sua vida / Bel Pesce. - Rio de Janeiro : Casa da Palavra, 2012.
il.
ISBN 978-85-7734-280-8
1. Empreendedorismo. 2. Administração de empresas. 3. Sucesso nos negócios. I. Título.

12-4713. CDD: 658.42
CDU: 005.411

04.07.12 10.07.12 036870

CASA DA PALAVRA PRODUÇÃO EDITORIAL
Av. Calógeras, 6, sala 1.001, Centro
Rio de Janeiro RJ 20030-070
21.2222-3167 21.2224-7461
divulga@casadapalavra.com.br
www.casadapalavra.com.br

Para os meus pais.

Com seu amor, eles me provaram que o infinito existe.

Agradecimentos

Criar um livro requer trabalho em equipe. Eu tive a grande sorte de ter a melhor equipe do mundo ao meu lado.

Em 2011, ganhei na loteria da vida ao cruzar caminhos com Flávio Augusto da Silva, presidente do Ometz Group e criador do Instituto Geração de Valor. Quando contei ao Flávio meus planos de escrever um livro, ele me disse que gostaria de ajudar com o projeto. Mas ajudar é pouco para descrever o quanto ele e a sua equipe se envolveram. Eles realmente abraçaram a minha ideia de uma maneira que excedeu todas as minhas expectativas.

Este livro não teria existido sem o trabalho maravilhoso da Agência Yeah!, parte do Ometz Group e da editora Casa da Palavra /LeYa. Agradeço muito à Ana Freitas e ao Sandro Serzedello, à Maria João Costa, à Martha Ribas, que a cada dia me surpreenderam ao oferecer ajuda com mais algum item da obra, sempre com qualidade e criatividade inigualáveis.

Sem a Ana, seria impossível ter lançado *A menina do Vale* on-line tão rapidamente e com tanta atenção ao design. Ela coordenou o projeto gráfico do começo ao fim, incluindo a capa, ilustrações, layouts, fontes e até mesmo o website do livro, além de ideias de marketing e distribuição.

Agradeço de coração à equipe Yeah!. Em tempo recorde, eles criaram um projeto gráfico que reflete perfeitamente o que eu queria retratar com o livro, transformaram as minhas ideias em imagens, elaboraram títulos e também fizeram o marketing do lançamento on-line e me ensinaram muito sobre mídias sociais.

Sem a Casa da Palavra/LeYa jamais teria sido possível produzir a versão impressa deste livro com tanta rapidez, qualidade e carinho. A equipe da Casa da Palavra/LeYa é extraordinária e me sinto honrada em fazer parte dessa família. Agradeço imensamente à Maria João Costa, Martha Ribas, Thais Marques, Fernanda Cardoso, Marina Boscato Bigarella, Raquel Maldonado, Claudia Spinola, Miriam Lerner, Adriana Alves e ao Rodrigo Rosa. Vocês tornaram possível o grande sonho de levar este livro às mãos de mais e mais leitores.

Escrever é reescrever. Agradeço ao Alexandre Oliveira, à Eliane Carone, à Adriana Julião, ao Amit Garg, ao Eduardo Lyra, ao Luciano Tavares e à minha família pelas horas e horas que passaram revisando o livro e me dando sugestões de como melhorá-lo. E aos leitores que me enviaram e-mails com dicas de como aperfeiçoar a obra: muito obrigada!

Sou muito grata ao Eduardo Melo, ao José Fernando Tavares e a toda equipe do Simplíssimo E-Books, que se mostraram superdispostos a ajudar com o projeto e criaram uma versão especial do livro para facilitar a leitura em vários dispositivos digitais. Também agradeço muito à Ilhasoft e ao TheAppBuilder, que criaram aplicativos mobile com o conteúdo da obra.

Mas um livro não tem valor sem seus leitores. Flávio Augusto, Marco Gomes, Manoel Lemos, Reinaldo Normand, Diego Gomes e Pierre Schurmann merecem um agradecimento gigantesco por sua enorme ajuda em divulgar o projeto. Agradeço a toda a equipe da boo-box, ao time sensacional do Iba.com.br e à NR-7 Comunicação por seus trabalhos de altíssima qualidade. Nelson Rodrigues, Bárbara Veríssimo, Bruno Pinheiro, Jessica Travassos, Roberta Martins, Ricardo Garrido, Marcelo Brandão, Gabriela Nunes, Cintia Santana, Ana Carolina Ayub, Fernanda Madeira, Pollyana Miranda e Marcus Alves: muito obrigada por acreditar neste projeto!

E, por fim, agradeço muito a você, leitor, por me dar a oportunidade de mostrar como o empreendedorismo pode mudar uma vida.

Sumário

Prefácio

A realidade que inspira

Flávio Augusto

Presidente do Ometz Group e criador do Instituto Geração de Valor

Todas as vezes que assistimos a relatos sobre terremotos, tornados e grandes enchentes, temos a tendência de não considerarmos que o mesmo poderia estar acontecendo conosco, com nossos familiares ou, até mesmo, com algum de nossos amigos mais próximos. Mesmo sabendo que são fatos reais, muitas vezes assistimos a reportagens como se estivéssemos diante de um roteiro de ficção bem distante de nossa realidade.

Da mesma forma, quando você ouve sobre um único ganhador de um sorteio da Mega-Sena, que embolsou centenas de milhões de reais, você pensa que poderia ser alguém de seu ciclo de relacionamento? Ou você sempre considera que será um rosto desconhecido de uma cidade remota ou, ainda, alguém bem longe de sua realidade?

Eu, particularmente, conheço de perto pessoas afetadas, por exemplo, pela enchente que surpreendeu a região serrana do Rio de Janeiro em 2011; uma pessoa que perdeu um parente no último acidente aéreo no Aeroporto de Congonhas em São Paulo; uma prima que morava com sua família no Japão bem perto da usina nuclear de Fukushima após o terremoto e tsunami que varreram o Japão e uma pessoa que ganhou na loteria.

Eu também conheço a Bel Pesce. A história dessa menina de apenas 24 anos é um desses roteiros de Hollywood que está acontecendo agora, bem diante de nossos olhos. É uma história muito inspiradora que nos mostra o quanto está em nossas mãos o poder de mudarmos o nosso destino por meio de escolhas que fazemos diariamente, por meio de nosso entusiasmo e por acreditarmos e lutarmos pelo improvável, ainda que muitos nos desencorajem dizendo que é um sonho grande demais para ser almejado.

Eu a encontrei pela primeira vez em Buenos Aires no ano de 2011, após postar na página do Geração de Valor no Facebook que eu estaria na capital portenha por dois dias para a inauguração de uma filial de minha empresa. Como Bel também estaria lá nesse mesmo período para uma visita aos engenheiros que trabalham no escritório da Lemon, empresa que Bel ajudou a fundar e que tem a sua sede no Vale do Silício, ela me mandou uma mensagem por meio do Facebook, propondo tomarmos um café. Em nosso encontro, em pouco tempo pude perceber que estava diante de uma pessoa entusiasta, com um enorme brilho nos olhos, muitos projetos e energia para realizá-los. A palavra impossível certamente já tinha sido expulsa de seu dicionário há algum tempo e pude perceber que estava diante de alguém que ainda daria muito o que falar. De nosso café, fiz o convite para gravarmos um vídeo, o GV #08 (http://www.belpesce.com/GV.php), que rapidamente alcançou a marca de 1 milhão de visualizações no YouTube.

A trajetória de Bel Pesce é muito rica, mas sem nunca deixar a simplicidade de lado. É arrojada e repleta de conquistas em um curto espaço de tempo. A sua inteligência e carisma, conhecimento técnico e habilidade nas relações interpessoais, coragem que transborda em seu olhar de menina, bem como seus feitos, sem nunca perder a humildade, fizeram dela um perfil raro e desejado por grandes corporações e investidores.

Quando ela me contou sobre o seu desejo de escrever a respeito de suas experiências no Vale do Silício com a finalidade de colaborar com jovens que estivessem iniciando suas carreiras, logo teve o meu apoio. Bel, por meio deste livro, demonstra toda a sua generosidade e vontade de mudar o mundo, dando a jovens brasileiros, em meio a tantas notícias negativas, o empurrão e incentivo necessários para que eles acreditem em seu potencial. Isso tem um valor incalculável!

O que posso concluir é que este livro tem o objetivo de lhe dizer: “Você também é capaz! Acredite e trabalhe pelos seus projetos! Você pode mudar o seu destino.”

A história de Bel não é uma ficção. É uma história real que pode inspirá-lo a protagonizar seu próprio roteiro. As experiências no Vale do Silício aqui descritas poderão servir de matéria-prima para a construção de ideias a fim de lhe encorajar a seguir adiante com garra, acreditando ainda mais em seu futuro.

Boa leitura!

Introdução

Euforia

Em 2006, a minha paixão por tecnologia e matemática me levou à Boston, para estudar no Massachusetts Institute of Technology (MIT). Sou cientista por formação e empreendedora por vocação, mas os experimentos que realizo não envolvem tubos de ensaio em um laboratório. Eu misturo imaginação com conhecimento, e faço esses testes no mundo real.

Eu amo criar coisas, seja um livro, um site, um aplicativo, um novo modelo de negócios, uma apresentação, uma piada ou uma canção. Minha mente está sempre a mil por hora. Não consigo parar de imaginar coisas que gostaria que existissem. Sou doida por elaborar ideias e trabalho arduamente para torná-las realidade.

Há anos guardo comigo rascunhos sobre aprendizados que foram essenciais para minha vida profissional e pessoal. Com a edição on-line de *A menina do Vale*, queria testar se esses aprendizados poderiam ser úteis para outras pessoas.

Escrevi o livro com o coração e, antes de lançá-lo, tive o cuidado de fazer um projeto com muita atenção aos detalhes. Desde a capa até o design, desde as ilustrações até o website, era muito importante para mim que os leitores sentissem quanto carinho eu tinha pelo projeto. Lancei o livro primeiramente on-line, na madrugada do dia 11 de maio de 2012. Tudo começou com um link no meu Facebook. E os resultados foram eufóricos.

Eu acreditava que o Brasil tinha sede por histórias sobre empreendedorismo, mas não esperava que os ensinamentos deste livro gerassem tanto interesse. Em menos de um mês, mais de meio milhão de pessoas fizeram o download da obra.

No entanto, ainda mais impressionante do que os números foram as mensagens que recebi e que encheram meu coração de felicidade. Pessoas de todas as idades me mandaram e-mails. Um garoto de 8 anos me contou que este foi o primeiro livro que ele leu por sua própria vontade. Um senhor de 80 anos me disse que sua vida teria sido completamente diferente se tivesse tido acesso a essas informações sessenta anos atrás. Jovens me mandaram mensagens sábado à noite, falando que desistiram de ir à balada porque não conseguiram parar de ler o livro.

E não para por aí. Uma empresa que desenvolve software, a Ilhasoft, fez um aplicativo para o livro. Um leitor se ofereceu para criar a versão em áudio. Dezenas de publicações escreveram artigos sobre a obra. Ver um projeto educacional ter lugar nas manchetes tem um significado muito grande para mim. Com tudo isso, nas últimas semanas eu tive um sorriso permanente, de orelha a orelha.

O meu propósito inicial era apenas distribuir o livro on-line, mas recebi milhares de pedidos por uma versão impressa. Fizemos de tudo para manter o preço o mais acessível possível. A meta continua a mesma: trazer informações que mudaram a minha vida para todos aqueles que estejam interessados em empreendedorismo ou, de forma mais geral, em ter mais controle sobre suas vidas.

Obrigada por fazer parte deste projeto.

Com muito carinho,

Bel Pesce

1 Uma jornada empreendedora

Sempre fui obcecada por conhecimento. Desde pequena, tenho uma curiosidade extremamente aguçada e amo aprender coisas novas. Esse fato, aliado à dedicação e à iniciativa, me ajudou a abrir as portas para muitos dos meus sonhos.

Muitas vezes, entrei em terrenos completamente desconhecidos que me levaram a participar de aventuras deliciosas e extremamente inesperadas. Por exemplo, o grande e improvável sonho de estudar no Massachusetts Institute of Technology (MIT), uma das mais conceituadas universidades de tecnologia, tornou-se realidade em 2006. Quando isso aconteceu, eu queria agarrar o mundo com as mãos e aprender o máximo possível. Com a mente aberta para experimentar aulas diferentes e fazer parte de vários programas e competições, acabei descobrindo que o empreendedorismo é uma das minhas maiores paixões.

Mudei-me para o Vale do Silício em 2009, na Califórnia, e passei a me dedicar a essa paixão que é o empreendedorismo. Durante os últimos quatro anos, mergulhei com tudo no mercado de startups, empresas jovens e inovadoras que buscam um modelo de negócio escalável e sustentável.

Desde então, sigo centenas de blogs sobre empresas, investidores, empreendedores e tendências do ambiente de startups. Leio vários livros a cada mês sobre os mais diferentes aspectos envolvidos em criar uma startup, desde como escolher um modelo de negócio até como motivar equipes. Encontro-me com dezenas de pessoas a cada semana e aprendo muito quando elas dividem suas histórias e conselhos comigo.

Mas, acima de tudo, ser empreendedor é colocar a mão na massa. Nos últimos anos, trabalhei em vários ambientes diferentes, sempre com o foco em aprender cada vez mais sobre como se constrói uma empresa.

Trabalhei em empresas grandes que ainda mantêm a veia empreendedora. Na Microsoft, fiz parte do Office Labs, um setor que se dedica a inovações relacionadas à produtividade. Lá, aos 19 anos, tive a chance de liderar uma equipe e administrar projetos do começo ao fim. Foi uma experiência fenomenal. Alguns anos depois, trabalhei na Google, no setor de pesquisas para inovar os sistemas por trás do Google Translate. Aprendi muito sobre como criar a mágica que existe ao redor de vários produtos que usamos no dia a dia.

Para contrastar com empresas grandes e estabelecidas, trabalhei em companhias que começaram a sua jornada há pouco tempo. Na Ooyala, empresa com foco na administração e monetização de vídeos on-line, aprendi muito sobre empreendedorismo ao liderar três equipes de engenheiros. Vi a empresa quadruplicar de tamanho, e em 2012 ela já está com mais de duzentos funcionários.

Mais recentemente, conheci dois empreendedores latino-americanos sensacionais e juntei-me a eles para começar a Lemon. No momento, nosso produto principal é um aplicativo que facilita a criação de uma réplica da sua carteira, em forma digital, para que você possa acessar seus documentos de qualquer lugar. Antes disso, eu já havia me aventurado com muitos outros projetos que, junto a sócios, comecei do zero. É impressionante o quanto é possível aprender com cada projeto, com cada equipe, com cada sócio. No momento, estou aprendendo muito na Lemon e agradeço à minha equipe por me fazer crescer a cada dia.

Tenho plena consciência de que ainda há muito mais a aprender e de que estarei nessa aventura empreendedora por anos e anos à frente. Mas queria, desde já, dividir com vocês alguns dos aprendizados que tive até agora. Sou extremamente grata às várias pessoas que me ajudaram durante esses anos e este livro é uma maneira de retribuir um pouquinho do muito que elas fizeram por mim. A maioria das lições que o Vale do Silício me ensinou pode ser usada em qualquer lugar do mundo. Assim como esse conhecimento me ajudou, espero que ele também seja útil para abrir portas para alguns dos seus sonhos.

Nunca se esqueça: tudo é possível se você se dedicar de cabeça e coração.

“Tenho plena consciência de que ainda há muito mais a aprender e de que estarei nessa aventura empreendedora por anos e anos à frente.”

2

Não se preocupe com a sua idade

Idade é algo interessante. Carregamos esse número conosco, e, junto com ele, vêm certas crenças. Alguns acham que, se você é jovem, é inexperiente e imaturo. E, se você é adulto, então já é muito tarde para se aventurar.

Não acredite nessas generalizações. Na sua vida, você encontrará pessoas que tentarão usar vários argumentos para te desencorajar. Você tem de acreditar em si mesmo. Aos 24 anos, se tivesse dado ouvidos a essas pessoas, teria desistido de várias oportunidades maravilhosas.

Se você realmente sonha em empreender, a sua idade não importa. O que importa é ser extremamente apaixonado por solucionar problemas e melhorar a vida das pessoas, e estar disposto a trabalhar arduamente para fazer as coisas acontecerem. O que importa é entender que, às vezes, nem tudo sairá como você espera, e estar sempre pronto para aprender e tentar novamente.

Há empreendedores bem-sucedidos de todas as idades. Aqui estão algumas das histórias que mostram que idade é mero detalhe.

Ray Croc

Em meados dos anos 1950, Ray Croc, um vendedor de mais de 50 anos de idade, já tinha tentado vender de tudo um pouco. Ele até mesmo tentou ser pianista, mas o dinheiro sempre era curto no fim do mês.

Nessa época, ele vendia *multimixers*, máquinas que despejavam bebidas em vários copos ao mesmo tempo. Como a economia não estava indo bem, as vendas caíam continuamente, até que um restaurante em San Bernadino, na Califórnia, encomendou oito *multimixers*. Surpreendido, Ray decidiu visitar o local e ver as operações com seus próprios olhos.

Chegando lá, ele ficou espantado: era um restaurante muito simples, com um cardápio bem limitado. As pessoas faziam os pedidos de dentro dos seus carros e recebiam a comida em alguns minutos. Essa rapidez era possível porque a produção das refeições era organizada como uma linha de montagem. O nome do restaurante era McDonald's e era administrado por dois irmãos.

Ray viu uma boa oportunidade ali: por que não abrir outros restaurantes como esse? Ele discutiu a ideia com os irmãos McDonald, mas eles não estavam interessados em expandir as operações do negócio. Então Ray, que não tinha experiência nenhuma com esse mercado, resolveu encarregar-se da expansão da empresa. Aos 52 anos, Ray começou a jornada para tornar o McDonald's a maior rede de restaurantes *fast-food* do mundo.

Catherine Cook e Dave Cook

> "Se você realmente sonha em empreender, a sua idade não importa. O que importa é ser extremamente apaixonado por solucionar problemas e melhorar a vida das pessoas, e estar disposto a trabalhar arduamente para fazer as coisas acontecerem.

Em 2005, Catherine e seu irmão Dave, então no ensino médio, repararam que muitas escolas americanas ofereciam aos alunos um álbum de fotos para relembrar os principais acontecimentos do ano. Eles tiveram a ideia de criar uma versão digital desse álbum, mas não possuíam muito dinheiro e não eram experts em desenvolver websites. Para seguir os seus sonhos, eles convenceram o irmão mais velho a investir US$250 mil no projeto e decidiram contratar uma firma de desenvolvimento de websites na Índia.

Assim eles fundaram o *MyYearBook* e administraram a companhia durante os seus anos de escola e faculdade. Pouco a pouco, eles adicionaram funcionalidades que aumentaram o engajamento dos usuários: jogos em *Flash, chat* em tempo real, aplicativos para telefone e muito mais. Em 2011, o *MyYearBook* foi adquirido pela rede social *Quepasa* por US$100 milhões.

Jack Arnold Weil

Jack fundou a *Rockmount Ranch Wear* quando tinha mais de 40 anos, em 1946. A companhia estabeleceu novos padrões de roupas estilo caubói, desde gravatas até camisas, vendendo milhões de peças. A marca já foi usada por muitas celebridades e apareceu em várias cenas do filme *O segredo de Brokeback mountain*.

Jack foi o diretor executivo dessa empresa por mais de 60 anos e esteve envolvido em operações diárias até o último dia de sua vida. Ele faleceu em 2008, aos 107 anos de idade. Jack é considerado o *CEO* mais velho de todos os tempos.

Drew Houston e Arash Ferdowsi

Durante a faculdade, Drew frequentemente encontrava problemas ao tentar acessar seus arquivos digitais em computadores diferentes. As soluções que existiam na época não o ajudavam.

Uma opção era salvar os arquivos em um *pen drive*. Porém, tinha de levá-lo sempre com ele, e toda vez que atualizava o arquivo em um computador, a atualização não era refletida nos outros. Outra opção era mandar e-mails para ele mesmo com arquivos anexados e acessar a caixa de entrada de qualquer ponto com internet. Mas isso dava muito trabalho e tornou-se cansativo. Era muito difícil administrar os seus trabalhos dessa maneira. Tudo o que Drew queria era armazenar todos eles em uma central on-line e poder acessá-los de qualquer lugar do mundo.

Em 2007, com apenas 24 anos, Drew começou a criar uma solução para o problema. Seu sócio, Arash Ferdowsi, era dois anos mais novo e ainda estava na faculdade. Arash decidiu abandonar os estudos para construir a companhia *Dropbox* com Drew. Eles criaram um produto revolucionário, que é usado por mais de 45 milhões de pessoas. Hoje a *Dropbox* está avaliada em mais de US$4 bilhões.

Roberto Marinho

A maioria das pessoas associa Roberto Marinho imediatamente à Rede Globo de Televisão. Porém, empreendimentos relacionados à televisão só aconteceram muito mais tarde em sua vida. Como presidente das Organizações Globo desde jovem, ele inicialmente focou seus projetos em jornais e rádio.

Roberto Marinho fundou a Rede Globo de Televisão em 1965, aos 60 anos de idade, e ao longo dos anos tornou-a uma das maiores redes de TV do mundo.

Na próxima vez que você estiver preocupado em ser muito novo ou muito velho para começar o próprio negócio, lembre dessas histórias. E acredite que, independentemente da sua idade, você pode transformar seus sonhos em realidade.

3

Descubra quem te inspira e por quê

Sonhar faz muito bem. Você provavelmente possui uma lista de coisas que deseja conquistar nos próximos meses, anos, décadas. Mas saber por onde começar pode ser um grande desafio. E manter-se comprometido pode ser ainda mais difícil.

Se você não tomar cuidado, corre o risco de se prender demais aos projetos do dia a dia e se esquecer dos seus planos a longo prazo. Sem contar que você pode acabar limitando-se por não sonhar alto o suficiente.

Ao longo de sua vida, ter a quem admirar ajuda a se manter focado nas conquistas que realmente importam. Além disso, pessoas admiráveis em geral mostram horizontes muito amplos e fazem com que você não limite suas ambições.

Uma das pessoas que admiro é Richard Branson, conhecido principalmente por fundar o Virgin Group: uma *holding* de mais de quatrocentas empresas, abrangendo produtos dos mais diferentes mercados, de refrigerantes a aviões. Eu admiro o fato de ele ter um senso muito aguçado para negócios e confiar na sua intuição. Ele não tem medo de tomar decisões diante de informações incertas ou de cometer erros. Realmente faz o que ama e, ao mesmo tempo, proporciona serviços excelentes para os clientes, porque de fato se importa com isso.

Também admiro Steve Jobs, fundador da Apple. Jobs foi um grande visionário e virou várias indústrias de ponta-cabeça. Muitas vezes, pessoas que pensam estrategicamente não se importam com os detalhes. Esse não era o caso de Jobs: ele se preocupava com cada um deles em suas criações. Algumas pessoas acreditam que Jobs tinha um campo de distorção da realidade ao redor dele. Para ele, coisas impossíveis eram possíveis, e seu comportamento fazia com que todas as outras pessoas acreditassem também. No final, o impossível tornava-se possível.

> “Ao longo de sua vida, ter a quem admirar ajuda a se manter focado nas conquistas que realmente importam.

Outra pessoa que me inspira muito é o Ayrton Senna. Admiro a determinação que tinha em ser o melhor piloto e o quanto trabalhou para isso. Sua ambição e amor pelo esporte eram gigantes, mas seu coração era ainda maior. Apesar de viver em um ambiente ultracompetitivo, ele sempre se manteve fiel a seus valores.

Mais um exemplo admirável é o Silvio Santos, empresário e apresentador. Ele tem uma habilidade genial de lidar com pessoas e move multidões com esse dom.

E, acima de tudo, continua sendo um homem extremamente humilde, mesmo depois de tudo o que construiu.

Richard Branson, Steve Jobs, Ayrton Senna, Silvio Santos e outras pessoas que admiro me ajudam a ver que posso e devo sonhar alto. Ao entender o que eu admiro nelas, acabo conhecendo-me muito melhor e entendendo o que realmente importa para mim.

a do Vale

4 Leituras que valem a pena

Embora nada se compare a colocar a mão na massa, alguns livros e blogs providenciam informações que podem ajudá-lo a acelerar o aprendizado. Construir uma empresa é como andar em uma montanha-russa: há muitos altos e baixos. Ter uma estrutura que o oriente e chame a atenção para as coisas certas pode ser extremamente valioso.

Tento ler pelo menos um livro por mês, sempre focando a atenção em algum aspecto sobre startups e pensando como os aprendizados podem ajudar a minha empresa a crescer. Aqui estão os livros que mais me ajudaram ao longo dos últimos anos, juntamente com um resumo das principais lições que aprendi. Infelizmente, alguns desses materiais ainda estão disponíveis apenas em inglês.

Startup, de Jessica Livingston

Startup é uma compilação de entrevistas com empreendedores. Os fundadores do Yahoo!, Hotmail e de muitas outras empresas oferecem perspectivas muito interessantes sobre as alegrias e os desafios associados a começar seu próprio negócio.

O que esses fundadores têm em comum? Todos eles cometeram muitos erros ao longo do processo de criar suas companhias. Por outro lado, todos aprenderam rapidamente com esses erros e acertaram na segunda vez.

> “Construir uma empresa é como andar em uma montanha-russa: há muitos altos e baixos. Ter uma estrutura que o oriente e chame a atenção para as coisas certas pode ser extremamente valioso.

Também é impressionante o quanto suas ideias e modelos de negócio mudaram. Muitas empresas foram fundadas com um produto em mente que era completamente diferente do produto que acabou sendo construído. E, algo muito importante, os fundadores eram extremamente apaixonados pelos problemas que estavam tentando resolver, dispostos a trabalhar dia e noite para fazer a sua companhia ter sucesso.

Apesar dos traços em comum, eles também apresentam muitas diferenças. Cresceram em ambientes distintos, aprenderam diferentes habilidades ao longo de suas vidas e tomaram decisões diversas enquanto construíam suas companhias. No livro, eles compartilham suas histórias e refletem sobre suas ações. Ler essas entrevistas faz você se sentir parte da criação dessas empresas.

Vale notar que, infelizmente, alguns capítulos não foram incluídos na edição em português. A versão americana, *Founders at work*, contém mais histórias. De qualquer maneira, as duas oferecem um ótimo conteúdo.

Startup Brasil, de Pedro Mello e Marina Vidigal

Com uma estrutura similar ao *Startup*, mencionado anteriormente, mas repleto de histórias brasileiras, o que o torna uma pérola para nós. Há entrevistas com empreendedores de vários setores, não apenas da área de tecnologia. O livro conta como as seguintes empresas começaram: O Boticário, BuscaPé, Turma da Mônica, Flytour, Cacau Show, Arizona, AgênciaClick, AGV Logística, Locaweb e Gran Sapore.

> "Muitas empresas foram fundadas com um produto em mente que era completamente diferente do produto que acabou sendo construído.

The four steps to the epiphany, de Steven Gary Blank

Este livro oferece uma nova perspectiva sobre como encontrar e validar seus clientes e mercado. Steven explica a metodologia do "desenvolvimento de clientes", que se caracteriza em sair do escritório e testar as suas hipóteses com pessoas reais. Ele acredita que, no início de suas vidas, as startups conhecem opiniões, não fatos. E uma empresa construída com base em opiniões pode acabar sem clientes. A técnica de desenvolvimento de clientes ajuda a validar as hipóteses e criar uma empresa que atenda a uma necessidade real.

Estes são os quatro passos que dão nome ao livro:

1. *Descoberta de clientes:* Descubra se há pessoas que querem o seu produto e que valor dão a ele.
2. *Validação de clientes:* Prove que é possível ter um ciclo de vendas sustentável. Isso acontece quando cada vez mais pessoas que experimentam o produto se tornam usuários ou compradores e você os monetiza de alguma maneira. O primeiro e segundo passos juntos servem para validar a existência de um mercado para o seu produto.
3. *Criação de clientes:* Decida a estratégia para crescer a sua base de clientes.
4. *Construção da empresa:* Monte a estrutura da sua companhia, incluindo contratação de uma equipe capaz de escalar o negócio.

Este livro não possui uma leitura fácil, mas assim que você começar a entender os conceitos poderá aplicá-los ao mundo real e obter bons resultados.

A startup enxuta, de Eric Ries

Enquanto o *The four steps to the epiphany* oferece uma metodologia para desenvolver os seus clientes, o *A startup enxuta* oferece uma metodologia para desenvolver o produto e evitar criar algo que ninguém quer. Eric acredita que os empreendedores podem evitar fracassos se descobrirem o que os clientes realmente querem. Há vários conceitos no livro que ajudam a descobrir o que os usuários desejam:

Aprendizados validados: As startups vivem em circunstâncias de incerteza extrema. A quantidade de suposições ao redor do que funcionará é absurda. Então, esteja pronto para cometer muitos erros. Errar não tem problema, desde que gere um conhecimento que pode ser aplicado para melhorar a sua empresa e acelerá-la na direção positiva. Esses são chamados de "aprendizados validados".

O ciclo do "Construa – Meça – Aprenda":

1. Determine uma hipótese sobre seu produto.
2. Decida quais informações são necessárias para validar essa hipótese.
3. Construa o mínimo possível para agregar essas informações.
4. Tire conclusões baseadas nos dados reunidos.

A filosofia *Lean Startup* acredita que quanto mais rápido os empreendedores conseguirem completar esse ciclo, maiores as chances de sucesso. Repare que as ideias são bastante similares às do livro *The four steps to the epiphany*, que também busca fatos ao redor das suas suposições.

Mínimo produto viável: é a "versão de um produto que permite agregar o máximo de aprendizado validado com o menor esforço", de acordo com Ries. Por exemplo, o site de compra coletiva Groupon começou como um blog. Cada post era uma oferta, os cupons eram feitos com um gerador de PDF e enviados para lotes de e-mails no fim do dia. Dessa forma, os fundadores puderam validar que os clientes estavam interessados nas ofertas e decidiram continuar a criar o produto de uma maneira escalável.

Pivô: Na caminhada para validar as hipóteses, é muito provável que você perceba que o rumo da sua empresa precisará de algumas correções. Essas correções chamam-se pivôs. Talvez seja preciso mudar o segmento de clientes, o modelo de negócio, a plataforma ou até mesmo uma combinação desses e de outros aspectos. Em geral, quanto mais cedo você perceber que um pivô é necessário, maiores as chances de você gerar uma mudança bem-sucedida.

Esse livro é de leitura rápida e fácil e apresenta muitos outros conceitos com vários exemplos cativantes. Altamente recomendado.

Outros livros

Há uma extensa lista de boas leituras relacionadas ao empreendedorismo. Aqui estão mais algumas das minhas favoritas:

- *Perdendo minha virgindade*, de Richard Branson
- *Steve Jobs*, por Walter Isaacson
- *Se eu soubesse aos 20...*, de Tina Seelig
- *Inovação em modelos de negócios*, de Alexander Osterwalder e Yves Pigneur

Estes livros também são ótimos, mas ainda não estão disponíveis em português:

- *Venture deals*, de Bred Feld e Jason Mendelson
- *Do more faster,* de Bred Feld e David Cohen
- *Grinding it out*, de Ray Kroc

Blogs fora do Brasil

Os meus blogs favoritos são:

1. Paul Graham – www.paulgraham.com/articles.html
2. Fred Wilson – www.avc.com
3. Eric Ries – www.startuplessonslearned.com
4. Seth Godin – sethgodin.typepad.com

Entre os blogs internacionais que focam em tendências e novidades sobre startups, sigo:

1. Mashable – www.mashable.com
2. GigaOm – www.gigaom.com
3. TechCrunch – www.techcrunch.com
4. VentureBeat – www.venturebeat.com
5. TheNextWeb – www.thenextweb.com

Fico muito animada ao ver que os brasileiros estão cada vez mais ativos em relação ao empreendedorismo. Aqui, segue uma lista de alguns blogs nacionais que indico:

1. Startupi – www.startups.ig.com.br
2. Webholic – www.webholic.com.br
3. Inovação e negócios – www.inovacaoenegocios.com
4. Startupeando – www.startupeando.com.br

Também sigo blogs voltados para as reflexões sobre empreendedorismo e sugestões de como ser um empreendedor melhor, dentre eles:

1. ResultsON – www.resultson.com.br
2. BizRevolution – www.bizrevolution.com.br
3. O Pulo do Gato – www.opulodogato.org
4. Blog da Aceleradora – www.aceleradora.net/blog
5. Beco com Saída – www.becocomsaida.blog.br

6. Blog da Endeavor Brasil – www.endeavor.org.br
7. Tribo do Mouse – www.tribodomouse.com.br
8. Saia do Lugar – www.saiadolugar.com.br

Além desses, vale muito a pena ler o Brasil20 – www.brasil20.org –, um site repleto de histórias superinspiradoras.

Na época em que lancei o meu livro on-line, lancei também um blog sobre startups, o Startups Brasil – www.startups-brasil.com. O objetivo é distribuir mais informações sobre o ecossistema empreendedor brasileiro, por meio das seguintes séries de posts:

- *Empreendedores* – conta a trajetória de alguns profissionais que estão mudando o Brasil.
- *Investidores* – apresenta objetivos e exemplos de portfólios de empresas e pessoas que investem no Brasil.
- *Startups* – revela novas empresas que têm potencial de destaque no mercado brasileiro.
- *Recursos & Eventos* – divulga ferramentas e eventos relacionados às startups.
- *Construindo uma empresa* – oferece dicas de negócio para novos empreendedores.
- *Brasileiros no Vale* – promove histórias de brasileiros que estão em destaque no Vale do Silício.

Videocasts brasileiros

Man in the arena (MitA): Uma série fenomenal, liderada por Leo Kuba e Miguel Cavalcanti. A cada duas semanas, eles entrevistam empreendedores que compartilham suas histórias e conselhos, de uma maneira muito descolada. Recomendo assistir desde o primeiro episódio: www.youtube.com/user/maninthearenatv

Geração de valor (GV): Esta série mostra ao mundo que qualquer pessoa pode crescer na vida e alcançar seus sonhos. Os vídeos são curtos e chamam a atenção por questionar o *status quo* e fazer você pensar de modo diferente. A comunidade é composta também por um canal no Facebook e uma conta no Twitter, liderados por Flávio Augusto, fundador do OMETZ Group. Os posts são inteligentes e interessantes, e ajudam muitas pessoas a identificar as oportunidades que existem ao redor – www.youtube.com/user/GeracaodeValor

Brasileiros no Vale: Esta série tem a finalidade de mostrar alguns projetos que brasileiros desenvolvem no Vale do Silício. Os vídeos contam histórias de empreendedores, investidores, estudantes e profissionais brasileiros que se destacam na região – www.youtube.com/user/brasileirosnovale

“Errar não tem problema, desde que gere um conhecimento que pode ser aplicado para melhorar a sua empresa e acelerá-la na direção positiva.”

5 Encontre as suas paixões

Se eu tivesse de escolher o que mais me ajudou até agora, seria ter paixão pelas coisas que faço. É difícil explicar em palavras o que é paixão, pois é algo que você sente no fundo do seu coração. Quando você está apaixonado pelo que faz, de repente tem uma energia infinita para trabalhar dia e noite. É um sentimento um tanto quanto mágico.

Se você não sabe quais são as suas paixões, passe um tempo tentando encontrá-las. Pode demorar um pouco, mas o processo de descoberta vale muito a pena. É uma ótima maneira de aprender mais sobre si mesmo.

Você pode começar a busca de forma simples: foque em temas mais amplos, tais como viagens, músicas, finanças, livros e ciências da computação. Alguns destes farão sentido para você. Então pense em tópicos mais específicos. Por exemplo, se você gosta de finanças, mergulhe nesse tema e tente entender o que lhe interessa sobre ele. Além disso, algumas perguntas como "O que importa para mim?", "Quais são as atividades de que gosto?", "Quais são as coisas que aprecio?", "Quem são as pessoas que me inspiram e por quê?" podem ser de grande ajuda.

Além de estar atento ao que importa para você, esteja aberto a novas experiências. Você nunca sabe quando descobrirá uma nova paixão. Empreendedorismo e música são duas das minhas maiores paixões e só descobri isso na faculdade, quando estava fazendo matérias opcionais. Nunca pare de explorar.

Quando você encontrar sua paixão, perceberá quase que instantaneamente. Você sentirá algo especial. Irá se surpreender com o quanto consegue produzir. Por exemplo, passei várias noites em claro escrevendo este livro, porque mal podia esperar para colocá-lo nas mãos de pessoas interessadas por empreender. Essa energia surge porque estou fazendo algo que amo. Mas nem sempre essa percepção é instantânea. Às vezes, a paixão cresce lentamente, então tenha paciência nessa busca.

> "Além de estar atento ao que importa para você, esteja aberto a novas experiências. Você nunca sabe quando descobrirá uma nova paixão.

O Vale do Silício tem alguns empresários extremamente apaixonados pelo que fazem. Talvez, esta seja uma das razões pelas quais é o berço de tantas empresas. As startups exigem muito trabalho. Muitas vezes, você precisa despejar toda a sua energia nela. Constantemente, você passará o dia todo com a sua equipe, tentando aprender o máximo que puder sobre vários tópicos. A paixão mantém você focado em sua missão a longo prazo e também torna o trabalho divertido. A paixão lhe dá coragem para sair da zona de conforto e desvendar terrenos desconhecidos.

“A paixão lhe dá coragem para sair da zona de conforto e desvendar terrenos desconhecidos.

Alguns empreendedores são muito apegados às suas ideias. Em geral, isso é ótimo, mas, muitas vezes, as ideias e os produtos mudam durante o curso de uma empresa. Os empreendedores devem esforçar-se para serem apaixonados pela resolução de uma necessidade. Desta forma, se o método original não obtiver êxito, poderão adaptar-se facilmente e continuar trabalhando arduamente em uma nova maneira de solucionar o problema.

Paixão é uma das coisas que realmente fazem você dar o melhor de si. Quando encontrar a sua, entenderá muito melhor quem você é e será capaz de trabalhar no que realmente importa para você. Ser capaz de se concentrar em suas paixões é um sentimento incrivelmente maravilhoso. Certifique-se de vivenciá-lo.

6 Encontrando necessidades reais

Muitos leitores da edição on-line deste livro me pediram dicas sobre como gerar boas ideias. Existem diversas metodologias para criar e elaborar ideias genéricas. Mas, se o objetivo é encontrar aquelas que solucionam de fato um problema, as melhores ferramentas são a observação e o feedback sincero.

Comece observando o que você gostaria que existisse ou fosse diferente neste mundo. O que realmente te incomoda? Várias empresas são criadas porque o fundador quer uma solução para um problema que vive todo dia e, aos poucos, repara que milhares de pessoas compartilham desse mesmo sofrimento. Toda vez que você fizer uma reclamação, tente também encontrar uma possível solução. E sempre que você pensar "como seria bom se tal coisa existisse", pare e imagine: E se você criasse tal coisa?

A Lemon nasceu porque minha equipe e eu estávamos cansados de ter de carregar nossas carteiras. Mas não bastava apenas sentir o desejo profundo de inventar uma maneira de eliminá-las. Antes de passar meses desenvolvendo uma solução, decidimos observar quem mais tinha essa necessidade e estudar várias tendências de mercado.

O mundo se comunica com você a todo momento. Se olhar ao redor com cuidado, centenas de ideias vão aparecer. Por exemplo, no nosso caso, vimos que um número absurdo de pessoas tem carteiras transbordando de recibos, cartões de fidelidade, cupons. E, além disso, constantemente as pessoas têm de preencher formulários, mas não estão com os documentos à mão. Por outro lado, sempre estão com o celular no bolso. Pouco a pouco, vimos que realmente existia a necessidade de ter uma cópia digital da carteira.

Outro fator muito importante são as tendências de mercado. Faz bastante diferença descobrir quais são e quanto custam as tecnologias disponíveis e como o comportamento humano está mudando. No caso da Lemon, é interessante observar o crescimento do número de usuários de smartphones. Cada vez mais, os consumidores esperam que os celulares sejam como canivetes suíços, cheios de funcionalidades. Isso faz com que o smartphone consolide vários aparelhos em um só. Por exemplo, cada vez menos pessoas usam máquinas fotográficas porque cada vez mais celulares tiram fotos de qualidade.

Observar ajuda muito, mas para achar uma necessidade real você precisa conversar com seus potenciais usuários e pedir um feedback honesto sobre as versões iniciais do produto. Não tenha medo de que sua ideia seja copiada: a probabilidade de que alguém pare tudo o que está fazendo para trabalhar no seu projeto – e o execute bem e com o mesmo entusiasmo – é extremamente remota. Por outro lado, se você não buscar essas opiniões, é bem provável que acabe criando algo que ninguém quer nem precisa. Então opte pelo feedback.

> “O mundo se comunica com você a todo momento. Se olhar ao redor com cuidado, centenas de ideias vão aparecer.

No entanto, tenha consciência de que os usuários nem sempre sabem bem o que querem. Henry Ford certa vez declarou: "Se eu tivesse perguntado às pessoas o que elas queriam, teriam me pedido cavalos mais rápidos." Não adianta apenas perguntar o que querem. Ofereça soluções originais e veja como seu público reage.

Vale lembrar que ideias são apenas ideias. Por mais que sejam importantes, o que realmente conta é a execução. A cada segundo nasce uma ideia genial. Infelizmente, a maioria não vira realidade, porque quem a imaginou acaba não a levando à frente.

De nada adianta boas ideias se a equipe não consegue seguir um plano de execução, não é flexível para aprender durante a jornada e não muda de rumo se necessário. Durante a formação e o desenvolvimento de sua empresa, mantenha-se em contato com os potenciais usuários e continue pedindo feedback para se certificar de que está criando um produto que resolva uma necessidade real.

7 Compartilhe as suas dificuldades

Abrir uma empresa é uma experiência emocionante, mas não é fácil. Você dormirá pouquíssimas horas, trabalhará intensamente e, ainda assim, os resultados muitas vezes não sairão conforme o planejado. Para tornar sua vida mais difícil, você será frequentemente confrontado com perguntas para as quais não tem respostas e terá de confiar na sua intuição para tomar algumas decisões.

O que ajuda muito nesses momentos de agonia é, simplesmente, trocar ideias com outras pessoas. As decisões serão essencialmente suas e, dependendo do assunto, você não poderá fornecer todos os detalhes para alguém que não está envolvido com a sua empresa. Mas se pedir opiniões para as pessoas certas, é bem possível encontrar quem já passou por uma situação semelhante e possa ajudá-lo a seguir na direção certa.

Por exemplo, vamos supor que você esteja desenvolvendo um produto e tenha um protótipo funcional. No entanto, não sabe se ele está pronto para ser apresentado aos usuários. Um questionamento frequente nas startups é: "Será que preciso adicionar mais funcionalidade ou aprimorar meu produto antes de lançá-lo?" Fazer perguntas para pessoas que já passaram por essa experiência pode ajudá-lo bastante. Lançar o produto muito cedo ou muito tarde pode ser fatal para a sua companhia.

Você também pode aprender muito com seus usuários. Suponha que após o lançamento do produto boa quantidade de pessoas o experimente uma ou duas vezes. Porém, a maioria não volta a usar esses produtos com frequência. Você não tem ideia do porquê nem está certo sobre o que fazer para corrigir o problema. Um bom ponto de partida é enviar uma pesquisa para os usuários, com o objetivo de compreender o que gostam, o que não gostam e como interagem com o produto atual. Há diversas maneiras de agregar métricas sobre as ações dos compradores, e obter essas informações pode ajudá-lo bastante em suas decisões.

"Você precisa ser verdadeiro consigo mesmo, estar ciente das questões que enfrenta e das decisões que precisa tomar.

Durante o processo de criação e desenvolvimento de uma empresa, você precisa ser verdadeiro consigo mesmo, estar ciente das questões que enfrenta e das decisões que precisa tomar. É muito fácil adiar o próximo passo do seu projeto para lidar com as dificuldades, ou corrigir um problema, mas não sua causa.

Por exemplo, as startups geralmente têm equipes muito pequenas, logo, pode ser destrutivo se até mesmo apenas duas pessoas não se relacionam muito bem. Adiar uma conversa que resolva essas diferenças pode prejudicar toda a equipe. Há diversas startups que cometem erros graves por discordâncias entre os membros da equipe fundadora.

Outro perigo é focar em resolver problemas, mas não sua causa. Digamos que o programador não apresente bom desempenho e não cumpra os prazos esperados para desenvolver certas funcionalidades. O principal obstáculo para seu bom desempenho, porém, foi a escolha equivocada da tecnologia a ser usada para desenvolver o produto. Você o demite e contrata um novo programador. No entanto, o problema persiste e só então você percebe que fazer uma nova substituição de programador não resolverá o problema porque a causa real é a tecnologia usada. Ao lidar com problemas, é crucial compreender como eles foram originados.

Você provavelmente enfrentará vários obstáculos relacionados à sua startup. Esta é a realidade de praticamente todos os empreendedores de sucesso. Não subestime nem esconda as perguntas. O que faz toda a diferença é a maneira como você lida com as dificuldades e como procede para tomar as decisões que o colocam na direção certa.

> “Ao lidar com problemas, é crucial compreender como eles foram originados.

PIZZA

8 Seja sempre humilde

A humildade é uma das virtudes mais importantes que alguém pode ter. Independentemente de quanto já se conquistou nesta vida, sempre há muito a aprender. Além disso, a qualquer momento você pode ser surpreendido. Não faz sentido algum achar que é superior aos outros.

Ser humilde significa ser honesto consigo mesmo. Significa ser consciente de que você sempre pode melhorar e tirar o máximo proveito de cada uma de suas experiências. A humildade traz crescimento. A arrogância, atraso.

Ser humilde também proporciona inúmeras vantagens para a sua companhia. É muito mais fácil conquistar a confiança das pessoas quando você está genuinamente interessado em ouvir o que elas têm a dizer. Os debates fluem naturalmente e seus colegas se tornam muito mais dispostos a compartilhar as lições que aprenderam. Se você tiver uma mente aberta e muita curiosidade, aprenderá com cada conversa.

“Ser humilde significa ser honesto consigo mesmo. Significa ser consciente de que você sempre pode melhorar e tirar o máximo proveito de cada uma de suas experiências.

Além disso, a empresa que valoriza a humildade tende a gerar uma comunicação aberta entre os funcionários. Como resultado, as tarefas são completadas rapidamente e a empresa cresce.

Há uma linha tênue entre confiança e arrogância. A confiança é sua amiga: o leva a acreditar ser capaz de resolver os problemas mais difíceis, ajuda a motivar equipes e lhe dá uma explosão de energia para continuar trabalhando bem quando você mais precisa. Por outro lado, um ego inflado pode ser devastador para as startups. É muito complicado inovar quando você se fecha para o mundo e só olha para o próprio umbigo. A criatividade esmaece e o ambiente de trabalho torna-se pesado.

Seja confiante, humilde e consciente. Fuja sempre da arrogância.

9 Equipe, equipe, equipe

Você pode encontrar dezenas de novas ideias em questão de horas, mas ter uma boa equipe é algo de valor inestimável. Quando seus projetos estão associados a um grande mercado, ter uma equipe capaz de executá-los faz toda a diferença.

Os membros de uma equipe precisam ser extremamente apaixonados por construir a empresa. Às vezes, os planos que você julgou infalíveis acabam não funcionando. É natural mudar de planos para conseguir resolver uma necessidade. O importante, portanto, é não estar ligado emocionalmente às soluções que você elaborou no começo da empresa, a ponto de não evoluir. Fundamental é ser capaz de detectar um problema que precisa ser resolvido e considerar todas as possibilidades de maneira positiva. Isso talvez requeira que você analise todas as sugestões de solução até encontrar a que realmente funcione.

Os dias de trabalho em uma startup são muito longos e você possivelmente passará mais tempo no escritório do

"Você precisa ter liberdade para expor as ideias, mas também precisa ser capaz de ouvir opiniões alheias e tomar decisões quando há discordâncias.

que em casa. Quase irá morar com sua equipe fundadora, então escolha bem seus parceiros. Acima de tudo, confie nos seus sócios de olhos fechados. Uma startup é como um casamento: haverá momentos maravilhosos com os colegas, mas também será preciso sobreviver a crises tenebrosas. Todos os fundadores devem estar dispostos a fazer sacrifícios a favor da empresa e trabalhar muito para alcançar as metas propostas.

Escolher companheiros com quem você já trabalhou faz muito sentido. Individualmente, os membros do grupo podem ser competentes, mas o crucial é que também o sejam ao desempenharem suas funções em equipe. Quando isso ocorre, é como um encantamento e sua empresa progride rapidamente. Você precisa ter liberdade para expor as ideias, mas também precisa ser capaz de ouvir opiniões alheias e tomar decisões quando há discordâncias.

Além disso, escolher profissionais com habilidades complementares o favorece. Sua equipe deve ser capaz de construir e vender, o que normalmente requer pelo menos uma pessoa com formação técnica e outra com experiência em negócios.

Existem muitas outras sugestões que aumentam suas chances de ter um relacionamento bem-sucedido com os sócios. Porém, se você tentar encontrar pessoas que se encaixam em absolutamente todas essas características, será impossível montar uma equipe. O que realmente importa é selecionar indivíduos com quem você consiga trabalhar dia e noite, sempre com respeito, admiração e confiança.

> "É natural mudar de planos para conseguir resolver uma necessidade.

10 O verdadeiro valor de um plano de negócios

Quando você está criando uma empresa, tem a opção de escrever um plano de negócios para explicar suas ideias e como irá executá-las. Mas, afinal, o que é um plano de negócios? Em geral, é um documento que descreve a visão para a sua empresa e suas projeções financeiras.

Com relação à visão, o plano geralmente inclui várias seções: descrição do negócio, explicação dos produtos e dos serviços que a empresa oferecerá, estudo minucioso do mercado da empresa (incluindo a análise de potenciais concorrentes), planos detalhados de marketing, vendas e engenharia, bem como apresentação dos profissionais por trás da ideia e por que formam a equipe certa para executá-la. As seções sobre finanças incluem, no mínimo, balanços patrimoniais, demonstração do resultado do exercício e demonstrações do fluxo de caixa para os primeiros anos do negócio. Mas pode abranger muitos outros documentos.

Depois de redigir todas as seções do plano, deve-se resumir o documento em um sumário executivo.

Geralmente, essa parte é muito breve, com cerca de duas páginas, e fornece boa perspectiva do negócio, incluindo o momento atual da empresa e seu planejamento para o futuro. Esse é o último texto a ser escrito, mas é o primeiro que os investidores e parceiros buscam. Por isso, é recomendável que seja cativante e desperte a atenção das pessoas.

Alguns programas de MBA fazem um estardalhaço sobre planos de negócios. Várias universidades organizam competições e muitos argumentam que o documento é essencial para levantar capital. Embora seja importante montar um plano, o principal benefício não reside em ter um extenso documento para compartilhar com outras pessoas. Geralmente, o mundo se move tão rapidamente que seu plano de negócios estará desatualizado assim que você acabar de escrevê-lo.

O verdadeiro valor do plano de negócios está no tempo que você gasta pensando na ideia. Para escrever as seções é necessário pesquisar o mercado, entender os concorrentes, testar algumas de suas ideias e avaliar diferentes estratégias para o empreendimento. Depois, segue-se a análise do ponto de vista financeiro. Tudo isso o ajuda a compreender melhor seu negócio.

“O verdadeiro valor do plano de negócios está no tempo que você gasta pensando na ideia.

O plano de negócios deve ser tratado como um documento vivo, sempre em desenvolvimento. Quando a empresa e o mercado evoluem, é uma boa ideia atualizá-lo. O valor, mais uma vez, está em ser obrigado a parar para estudar mais. Portanto, faça bom proveito do plano: ao escrevê-lo, pense criticamente sobre o negócio, elabore os piores e os melhores cenários e seja realista consigo mesmo sobre a oportunidade que está a sua frente.

11 Ache pessoas que estavam na sua posição alguns anos atrás

Esta lição teve um efeito extremamente positivo na minha vida. Sempre acreditei que trabalho árduo e paixão são muito importantes para alcançar o sucesso. Se você concentrar sua mente e seu coração nas metas que quer conquistar, obterá o que deseja.

Recentemente, aprendi que, além de trabalho árduo e paixão, há algo que faz com que você cresça com ainda mais rapidez: conselhos pertinentes. Quando me mudei para o Vale, fiquei muito feliz ao conhecer pessoas que há alguns anos tiveram experiências semelhantes às que vivencio atualmente. Elas tinham 20 e poucos anos e estavam abrindo empresas, cheias de iniciativa, energia e empolgação. Naquela época, tudo era novo, mas hoje, após muitos anos de caminhada, acumularam diversos aprendizados.

Nos últimos anos, algumas pessoas incríveis me ajudaram com conselhos extremamente valiosos. É admirável como estão dispostas a ajudar sem pedir nada em troca – só querem ver um jovem empreendedor apaixonado crescer. Talvez, alguém as tenha ajudado no passado e elas

“ Além de trabalho árduo e paixão, há algo que faz com que você cresça com ainda mais rapidez: conselhos pertinentes.

queiram continuar essa corrente positiva. Ou, talvez, ninguém as tenha auxiliado, e elas sabem o quanto isso as prejudicou. De qualquer maneira, essas pessoas gastam horas e horas compartilhando sua sabedoria.

Vale muito a pena procurar pessoas que passaram por algo semelhante ao que você está vivenciando. Encontre-as, conte a sua história e alguns de seus planos. Peça conselhos. Não tenha medo de mandar e-mails para aqueles que você ainda não conhece pessoalmente. Além disso, certifique-se de manter contato e cuidar muito bem desses conselheiros.

Conheci um dos meus maiores mentores em um jantar com brasileiros no Vale do Silício, onde conversamos por apenas três minutos. Nossa conexão poderia ter terminado ali. Mas, felizmente, trocamos e-mails e decidimos reunir-nos novamente. Um ano depois, temos a amizade mais incrível que eu poderia esperar e um enorme respeito e admiração mútuos.

Os conselhos que ele me deu fizeram-me crescer muito como empreendedora, líder e pessoa. Conversamos sobre como contratar e motivar uma equipe, estabelecer uma relação de confiança com os colegas, promover mais equilíbrio às nossas vidas, lidar com a mídia, levantar capital, se manter fiel aos valores e muito mais. Também discutimos muito sobre os erros do passado e o que poderia ter sido feito para evitá-los ou minimizá-los. Se eu tiver qualquer dúvida, sei que posso ligar para esse mentor e amigo a qualquer momento.

O Brasil está construindo seu ecossistema empreendedor e é crucial que os empreendedores mais experientes estejam disponíveis para orientar a nova geração. Receber conselhos honestos de pessoas que têm prática fez toda a diferença para mim. Procure profissionais que alguns anos atrás vivenciaram algo parecido com seu momento atual. Há grandes chances de que eles façam toda a diferença para você também.

12 Começando com pouco capital

Startups geralmente têm pouco ou nenhum capital investido no início do negócio. Isso acontece pelas mais variadas razões. Pode ser que sua empresa seja muito nova e ainda não tenha indicadores de que poderá ser bem-sucedida. Ou talvez o momento econômico seja ruim e o mercado investidor esteja mais cauteloso do que o normal. Outro motivo é não querer levantar fundos nesse momento, sabendo que, no futuro, quando tiver mais respostas ou clientes, conseguirá captar investimentos maiores a um preço menor.

Muitos aspirantes a empreendedores se perguntam como é possível começar uma empresa sem grandes recursos financeiros. Algo interessante e não intuitivo é que essa escassez pode ser extremamente vantajosa. Recursos limitados forçam o foco no que é importante e eliminam a possibilidade de crescimento prematuro.

Startups começam com uma ideia. Mas cada ideia pode ser desenvolvida de diversas maneiras e vem com diversas hipóteses atreladas a ela. Por exemplo, vamos supor que eu queira criar um aplicativo para celular que entregue refrigerantes em sua casa em 30 minutos. Uma opção é começar logo a criar o aplicativo, fazer o design, disponibilizar um formulário de cadastro, encontrar lojas que vendem refrigerantes na sua área, encontrar alguém para comprar e entregar o refrigerante, fazer o cálculo do valor da entrega etc. Todo esse trabalho só faz sentido se houver pessoas interessadas no serviço. Construir o produto inteiro logo no início não faz sentido algum.

É muito melhor usar protótipos simples e rápidos para testar as hipóteses, pois se os resultados não forem o esperado, é fácil e barato mudar de rumo. No caso anterior, uma proposta é visitar alguns estabelecimentos e perguntar: "Eu posso lhe trazer um refrigerante nos próximos 30 minutos. Está interessado?" E, dependendo das respostas, ir mudando as perguntas. Talvez você descubra que, às vezes, as pessoas querem um refrigerante e não o tem em casa, mas não se importam em ir buscá-lo no supermercado mais próximo. Ou talvez você descubra que algumas pessoas, incluindo organizadores de festas e eventos, adorariam um serviço que entregue refrigerantes rapidamente.

Outra ideia de protótipo simples é criar uma conta de e-mail, algo como queroumrefrigerante@servidor.com, e falar para as pessoas que elas podem usar esse e-mail para encomendar refrigerantes. Caso alguém envie um e-mail, lide com cada pedido um por um, ligando para algum supermercado ali perto. Obviamente, esse exemplo não funcionará quando houver milhares de consumidores usando o produto, mas protótipos iniciais como esse ajudam a verificar o engajamento dos possíveis usuários de forma rápida e barata. Se você tiver problemas em atender todos os pedidos dos e-mails, é sinal de sucesso. Nesse caso, pode começar a experimentar com um protótipo que consiga aguentar mais pedidos. Mas, por outro lado, se o volume for extremamente baixo, talvez seja melhor pesquisar mais antes de lançar o produto.

> “É muito melhor usar protótipos simples e rápidos para testar as hipóteses, pois se os resultados não forem o esperado, é fácil e barato mudar de rumo.

Quando você está começando uma empresa, a principal tarefa dos sócios é se certificar de que não estão criando um produto que ninguém quer. Com frequência, é possível completar essa tarefa com pouco capital. E a melhor parte é que, quando você foca em validar o produto, decide os próximos passos de acordo com fatos, e não sonhos. E isso faz com que, pouco a pouco, sua startup se torne um investimento mais seguro. Ou seja, se você chegar no ponto em que capital é realmente necessário, terá muito mais evidência para auxiliar no processo de captação de fundos.

13 Peça conselhos e receberá investimentos

Esta dica é pouco intuitiva, mas se você está procurando investimentos, o melhor a fazer é pedir conselhos. Quando você pergunta sobre como melhorar o produto ou o modelo de negócios, você começa a criar uma relação com o investidor.

O período no qual ele lhe dá conselhos é como um "namoro". Um dos grandes benefícios é mostrar para o investidor como é trabalhar com sua equipe e testar a parceria antes de um comprometimento mais sério.

Caso essa etapa não corra bem, agradeça pelos conselhos, mas não peça dinheiro. Por outro lado, se o investidor realmente sentir que está contribuindo para a ideia, e se você concordar que ele está acrescentando valor, não demorará muito para que a relação entre vocês fique mais forte. À medida que você incorpora as dicas do investidor no seu produto, ele se sente parte do projeto, da empresa. Isso o motiva a continuar contribuindo, formando um ciclo positivo.

A parte mais interessante desse processo é que, quando você segue as sugestões do investidor em seus planos, acaba tornando o negócio menos arriscado aos olhos dele. E, quando for a hora de levantar capital, ele já terá uma relação de confiança com a sua equipe.

Pedir conselhos é uma ótima estratégia. Mas, analisaremos uma alternativa. Vamos supor que você se encontre com um investidor e logo pergunte se ele tem interesse em investir na sua empresa. Essa atitude não é necessariamente ruim, mas limita um pouco suas chances, porque, de repente, o investidor vê-se forçado a decidir se sim ou se não.

Normalmente, investidores falam com milhares de empreendedores todo ano, e a maioria pede capital. O trabalho do investidor é filtrar as oportunidades e decidir com quais irá se comprometer. Em geral, apenas uma porcentagem muito pequena das empresas receberá investimento. Este profissional é um expert em identificar fraquezas nas companhias, porque parte do trabalho dele é desistir rapidamente de algumas delas, pois é impossível analisar todas profundamente.

Por todos esses motivos, vale muito a pena convidar possíveis investidores a serem mentores do seu negócio. A relação pode levar um tempo para se desenvolver, então comece a pedir conselhos meses antes de começar a etapa de captação de capital. Se algum dos investidores se tornar um mentor ativo, e agregar cada vez mais valor para a sua companhia, há grandes chances de que o capital venha naturalmente.

“Quando você pergunta sobre como melhorar o produto ou o modelo de negócios, você começa a criar uma relação com o investidor.”

14 Seja acelerado, mas tenha paciência

O Vale do Silício está cheio de startups de tecnologia, muitas em mercados de alto potencial. Algumas empresas podem ter certas vantagens, tais como patentes ou grande base de usuários, mas a concorrência está em todo lugar. Diversas companhias lançam seus produtos e rapidamente descobrem que outras estão tentando resolver o mesmo problema.

Atualmente, é possível montar uma startup em seu próprio apartamento. Com as facilidades chegando a esse ponto, o tempo se torna um dos fatores mais importantes para sua empresa se destacar frente às demais. Você precisa mover-se rapidamente. No entanto, a direção para a qual se encaminha também é crucial. É absolutamente normal falhar ao longo do caminho, mas as lições aprendidas com esses equívocos precisam acelerar a sua empresa no sentido positivo. Não é bom movimentar-se constantemente a 1.000 km/h em direção ao fracasso.

Por outro lado, ao montar sua empresa, você precisa de paciência para validar o mercado e o produto. As empresas que alcançam o sucesso não são as que criam rapidamente o produto que planejaram. São as que aprendem o mais rápido possível. Elas montam um ciclo de feedback que usam para validar suas suposições e voam por meio desse ciclo. Muitas vezes, são necessárias várias tentativas até encontrar um produto que os clientes realmente desejam. O segredo é aprender com rapidez a cada tentativa e continuar seguindo em frente.

No método da *Lean Startup*, esse feedback é chamado de Construir – Medir – Aprender. Por exemplo, a Zappos é a maior loja on-line de vendas de sapatos do mundo. Quando foi criada, seus fundadores tinham uma grande hipótese: os consumidores querem comprar sapatos on-line. A suposição poderia estar certa ou errada – eles precisavam testá-la. Não havia sentido construir toda a infraestrutura para receber sapatos de milhares de lojas, aceitar diferentes métodos de pagamento e fazer parcerias com marcas antes de validar a hipótese.

Então, os fundadores da Zappos construíram um site simples, que oferecia alguns tipos de sapatos para compra on-line. As pessoas poderiam escolher o que queriam, mas, na verdade, não havia tecnologia alguma para ajudar com a compra e a entrega. Os fundadores estavam fazendo o trabalho da tecnologia. Quando um cliente fazia um pedido, eles compravam os sapatos em lojas físicas e despachavam pelo correio. Ao fazer isso, puderam medir quantos visitantes se convertiam em compradores e aprenderam que esse número era atraente. Só então decidiram desenvolver a tecnologia e a infraestrutura necessárias para ter um produto escalável.

Além de ter paciência ao validar seu produto, você também precisa ser extremamente perseverante ao montar a equipe inicial. Pode demorar um bom tempo até encontrar o sócio ideal e contratar os primeiros funcionários. Não se apresse. Se você quiser acelerar o processo, dedique mais tempo à procura desses profissionais. Nunca contrate alguém abaixo dos seus padrões só porque você está tentando mover-se mais rapidamente.

> “Ao montar sua empresa, você precisa de paciência para validar o mercado e o produto.

Finalmente, como empreendedor você terá de enfrentar muitas perguntas para as quais não saberá a resposta correta. Se você ficar protelando decisões até que tenha mais informações, provavelmente nunca responderá a essas perguntas. Muitas vezes será necessário confiar nos seus instintos e decidir dentro de circunstâncias incertas.

Ser acelerado é crucial para o sucesso de uma startup, mas é preciso certificar-se de que, no geral, você está se deslocando em uma direção positiva. Mesmo seus fracassos devem ensinar-lhe lições que o ajudam a se movimentar para o caminho do sucesso. Tenha paciência e analise suas hipóteses. Isso aumentará as chances de sua empresa dar certo.

15 Acostume-se a aprender com seus erros

Administrar uma startup não é fácil. Há uma lista interminável de detalhes que podem dar errado. Sua marca pode não alavancar, você pode não prestar atenção em alguns requisitos legais, pode contratar as pessoas erradas, gastar muito em marketing, cobrar muito pouco, lançar seu produto muito cedo...

Outros tópicos abordados neste livro o ajudarão a evitar alguns erros. Por exemplo, um mentor pode auxiliá-lo com o conselho certo em uma hora crucial. Além disso, testar suas hipóteses de forma metódica o leva a minimizar o risco de criar algo que ninguém deseja ter.

No entanto, mesmo os mais trabalhadores e inteligentes ainda cometem vários erros. Aliás, em geral, as únicas pessoas que não os cometem são aquelas que não correm riscos suficientes. Como empreendedor, você terá de aprender a lidar com fracassos.

Muitos profissionais de sucesso são capazes de aprender rapidamente com os erros. Esta é a chave. Quando você tem verdadeira paixão por aquilo que está fazendo, não deixa as falhas o derrotarem. Você aprende com elas, sabe que está correndo em direção a um objetivo maior, que é a criação de um negócio que ajudará muitas outras pessoas. E tem a determinação e a atitude positiva necessárias para continuar a evoluir e manter sua equipe motivada.

Os erros podem ser tão sutis que tornam-se difíceis de serem notados. Por exemplo, se você estiver sempre com pressa, nunca vai parar para ouvir novas ideias. Certifique-se de prestar atenção às próprias ações, assim como às atividades de outras pessoas, e reflita muito sobre como você pode fazer as coisas melhorarem. Não subestime o valor do ato de analisar seu comportamento. Eu acredito tanto na riqueza do autoconhecimento e do feedback construtivo, que mantenho um documento com estratégias para melhorar dia após dia.

> “ Administrar uma startup não é fácil. Há uma lista interminável de detalhes que podem dar errado.

Além disso, um bom empreendedor trabalha muito para ter certeza de que sua equipe está crescendo. Para evitar problemas que surgem de repente, é muito importante ter uma comunicação aberta com seu time. Na Google, alguns funcionários gostavam de dizer que "é melhor pedir perdão do que pedir permissão". Embora isso funcione muito bem para certas situações (especialmente aquelas nas quais suas ações não causam nenhum grande dano), ela não se aplica a todos os casos. O diálogo pode ser extremamente útil para evitar desentendimentos.

> “Quando você tem verdadeira paixão por aquilo que está fazendo, não deixa as falhas o derrotarem. Você aprende com elas.

Enquanto estiver criando sua empresa, você provavelmente cometerá mais erros do que deseja. Transforme os erros em aprendizados e acertará da próxima vez. Tudo o que você precisa é uma mente aberta e faminta para adquirir sabedoria e a determinação para ser melhor a cada momento.

16 O poder do networking

Eu amo conhecer novas pessoas. Fico impressionada com o quanto é possível aprender com praticamente qualquer conversa, e isso é suficiente para me motivar a passar horas me conectando com pessoas. Essa é a razão principal, mas existem centenas de outras pelas quais você deve dar atenção ao networking.

O networking está no coração do Vale do Silício e é responsável por grande parte do que a região é hoje. Ser bom em se relacionar com pessoas pode ajudá-lo a encontrar um parceiro de negócios, um mentor e um advogado. Pode servir para levantar capital, divulgar sua empresa e muito mais. Enfim, o Vale do Silício é centrado em pessoas, então faz sentido que se dê tanta importância ao networking.

Empreendedores de todo o mundo vão para o Vale do Silício para compartilhar ideias, obter feedback e criar empresas. Em geral, são criativos, trabalhadores, apaixonados e vidrados em inovação e tecnologia.

Investidores com acesso ao capital procuram profissionais brilhantes, boas ideias e grandes mercados para investir. Eles estão em uma constante jornada para encontrar empreendedores que possam executar planos e criar produtos com potencial para mudar o mundo.

Especialistas em tecnologia e negócios também estão presentes, atraídos por empolgantes oportunidades de emprego. Eles querem trabalhar em empresas que lhes deem a liberdade de causar o máximo de impacto possível. Muitas vezes, essas pessoas dão mais valor às participações que possuem na companhia do que aos salários.

> “Pelo networking é possível alcançar pessoas que estão a muitos graus de separação e criar oportunidades incríveis.

A mágica acontece quando as pessoas se conectam. É por isso que o networking é tão importante. No Vale do Silício acontecem eventos dia após dia. Se você selecionar aqueles que são bons, poderá aprender muito. Mas o networking não consiste apenas em comparecer a eventos. Você também pode conhecer várias pessoas de outras maneiras, como, por exemplo, por meio de apresentações de amigos em comum.

Encontrei um dos meus mentores ao participar de um jantar. Além disso, conheci alguns dos meus sócios por meio de networking. Um deles foi-me apresentado justamente por este mentor. Outro estava a algumas conexões de distância – o fundador da startup na qual trabalhei anteriormente, a Ooyala, apresentou-me ao seu amigo de faculdade (que também se tornou um mentor sensacional), que me apresentou a um amigo de escola, que me apresentou ao meu sócio. Como podemos constatar, pelo networking é possível alcançar pessoas que estão a muitos graus de separação e criar oportunidades incríveis.

> "O networking está no coração do Vale do Silício e é responsável por grande parte do que a região é hoje.

É claro que nem todo mundo se encaixa em um desses três grupos, e fazer a mágica de conexões acontecer às vezes é muito difícil. Além disso, a competição é muito intensa. Como empreendedor, você competirá com milhares de outros profissionais para mostrar seu talento e conquistar financiamento. Deve-se aproveitar essa cultura aberta para mostrar aos outros como você terá sucesso e por que eles têm de fazer parte de sua equipe. Não subestime o poder do networking.

china food
CEO

17 Esqueça o glamour

É interessante pensar como Microsoft, Facebook, Google, Apple e muitas outras empresas que hoje são altamente influentes começaram. Na maioria das vezes, tudo surgiu com uma equipe e uma visão. É fascinante como um grupo de pessoas apaixonadas pelo que fazem pode transformar ideias em produtos que acabam por mudar o mundo para sempre.

Eu amo ter a possibilidade de inventar produtos com potencial para alcançar bilhões de pessoas. Às vezes, passo horas refletindo sobre como minhas ideias podem evoluir ao longo dos próximos meses, anos e até mesmo décadas. Adoro sonhar grande. Quando faço isso, sinto-me com superpoderes para tornar o mundo um lugar melhor.

Mesmo que essas idealizações venham a tornar-se realidade em algum momento, isso não acontecerá da noite para o dia. Começar uma empresa consome muito tempo, e é preciso executar muito bem o trabalho para surgir a chance de obter sucesso. Há muitas atividades diárias que devem ser realizadas na hora certa. Você terá de pôr a mão na massa o tempo todo.

Algumas pessoas pensam que abrir uma empresa é glamoroso. Devo desapontá-las: não é. O empreendedor dormirá menos do que pensou ser humanamente possível, comerá macarrão instantâneo no almoço e no jantar e passará mais tempo no escritório do que em qualquer outro lugar. No entanto, essa também pode ser a melhor época de sua vida, especialmente se ele estiver se dedicando à construção de algo com o que realmente se importa.

Os empresários mais bem-sucedidos nunca pensam no sucesso como um trampolim para outros projetos. Sua empresa é sua vida. Eles têm sucesso porque são extremamente apaixonados pelos problemas que estão tentando resolver, não porque querem o glamour que talvez o sucesso traga como consequência.

Antes de entrar de cabeça neste mundo de startups, saiba que o sonho será realizado com muito, muito, muito trabalho. No meu caso, aproveitei cada segundo de minha jornada empreendedora até agora, e continuo tentando melhorar diariamente. Sem glamour, mas me divertindo ao extremo. Eu não trocaria esta vida por nada. Um dos melhores sentimentos que existem está relacionado a fazer algo que você ama.

“Os empresários mais bem-sucedidos nunca pensam no sucesso como um trampolim para outros projetos. Sua empresa é sua vida.

18 Pequenas coisas que fazem a diferença

Construir uma empresa é uma experiência incrível, mas consome muita energia e tempo. Constantemente, você terá de realizar atividades que nunca fez antes e desejará que soubesse um pouquinho mais sobre certos assuntos. Além disso, haverá dias em que o universo parecerá estar contra você. E haverá momentos em que tudo o que você sentirá é muito, muito, muito cansaço. Tudo isso é normal e acontece com os melhores empreendedores.

Ao longo dos anos, encontrei pequenas motivações que têm efeito imediato em mim. Elas realmente me animam e funcionam como um tanque cheio de gasolina para o trabalho. Elas me fazem sorrir e rapidamente me concentrar em meus objetivos. No meu caso, são uma canção, uma propaganda e um pensamento.

A música *Don't stop me now*, do Queen, me faz sentir coisas incríveis toda vez que a escuto. Não só me traz uma completa paz de espírito, mas, ao mesmo tempo, me faz acreditar que eu posso me mover na velocidade da luz. Fico com vontade de saltar da minha cadeira, dançar e cantar junto com a canção (o que faço muitas vezes). Gosto de ouvir a música quando estou em uma batalha contra o relógio tentando terminar alguns prazos. Ela funciona como um encantamento nessas situações. Se estiver curioso para ouvi-la, você pode escutá-la em www.belpesce.com/queen.php.

A campanha publicitária da Apple de 1997, *Think different*, me inspira a continuar pensando grande e nunca me esquecer de que cada um de nós tem o poder de mudar o mundo. Se você ainda não assistiu a esse anúncio, vale a pena dar uma olhadinha em www.belpesce.com/apple.php.

> “Encontre as pequenas motivações no dia a dia. Essas coisas, muitas vezes extremamente simples, têm o poder de causar uma enorme diferença no seu trabalho.

Outra coisa que me dá energia é ouvir o feedback dos clientes. Eu amo ler até mesmo os comentários mais duros. Constatar que as pessoas estão dedicando um pouco de seu tempo para ajudar a desenvolver um produto é sensacional e me faz querer trabalhar o máximo possível para oferecer aos clientes uma boa experiência.

Por último, há um pensamento que imediatamente faz tudo ficar bem. Acredito piamente que tudo é possível, mas entrar no MIT era um sonho extremamente improvável para mim, por muitas razões. Um dos momentos mais felizes da minha vida foi quando abri a carta de admissão e li que o sonho tinha se tornado realidade. Só de pensar naquele momento eu recarrego a minha energia.

> “Constatar que as pessoas estão dedicando um pouco de seu tempo para ajudar a desenvolver um produto é sensacional.

Em sua aventura empreendedora, a paixão irá ajudá-lo a se concentrar e trabalhar muito. Mas, como ser humano, de vez em quando você pode ter alguns momentos difíceis. Encontre as pequenas motivações no dia a dia. Essas coisas, muitas vezes extremamente simples, têm o poder de causar uma enorme diferença no seu trabalho. Tempos difíceis, de repente, não parecerão tão difíceis.

19 O maior de todos os erros

O potencial humano é absolutamente incrível. Com paixão, determinação e iniciativa, é possível fazer qualquer sonho acontecer. Mas, infelizmente, muitos pensam de maneira diferente. Não deixe que essas pessoas o desencorajem.

Ao longo da minha jornada, ouvi centenas de pessoas me dizerem para desistir de vários objetivos. Se eu tivesse seguido suas palavras, teria perdido as melhores oportunidades da minha vida. Algumas dessas pessoas tinham argumentos muito pertinentes. Umas se preocupavam com o fato de eu estar prestes a dar passos maiores que minhas pernas. Outras, porque eu estava assumindo riscos demais.

Na maioria das vezes, no entanto, eu não estava mergulhando cegamente em meus sonhos. Assumi riscos calculados. Mesmo que meu coração geralmente fale mais alto que a razão, sempre tento avaliar cuidadosamente as opções. De qualquer maneira, no final, não há nada pior do que não tentar. O maior risco é receber um "não" como resposta, quando o "sim" é uma possibilidade.

“Com paixão, determinação e iniciativa, é possível fazer qualquer sonho acontecer.

Quando você toma iniciativas para realizar seus sonhos, algumas trarão resultados, outras não. Não tenha medo dos equívocos. Errar faz parte da vida. Se você não está falhando, é porque não está se esforçando o bastante e tentando superar seus limites. Eu tenho uma regra simples: contanto que eu tenha tentado o meu melhor, não me arrependo se algo não dá certo.

Por exemplo, digamos que será organizada uma competição de planos de negócios e você realmente quer ganhar o prêmio de melhor empresa. O pior que pode acontecer é não participar. Nesse caso, seguramente você não terá chances de sagrar-se campeão. Outra possibilidade é competir, mas sem a dedicação necessária e fazendo tudo de qualquer jeito. É uma pena. Você deve sempre se esforçar para fazer o melhor. Agora, digamos que você tentou ser o melhor e aprendeu muito ao longo da competição. Para mim, independentemente do resultado, você é um vencedor.

Para seguir suas paixões, você terá de ser muito determinado a tentar seu melhor. Às vezes, porém, mesmo isso pode não ser suficiente. Não há problemas, contanto que você possa aprender e continuar evoluindo. O maior erro de todos é acomodar-se e não correr riscos.

“O maior risco é receber um ‘não’ como resposta, quando o ‘sim’ é uma possibilidade.

20 Saia da sua zona de conforto

As pessoas tendem a se acomodar e viver a vida sem mudanças, dia após dia. Muitas evitam transformações intensas em sua rotina e se apegam a diversos hábitos, sempre fugindo do desconhecido. No entanto, ao se entregar à apatia, acabam fechando as portas para aventuras emocionantes.

Começar uma empresa requer que você faça uma grande mudança em sua rotina e se entregue em uma experiência impressionante, cheia de possibilidades desconhecidas. Você acertará em algumas ocasiões e errará em outras. Não se preocupe: contanto que você esteja realmente interessado em aprender e fazer as coisas acontecerem, terá a melhor época da sua vida.

Para administrar sua empresa, será necessário correr riscos. Suas decisões poderão influenciar a vida de todos os funcionários e clientes. Você precisa trabalhar o quanto for possível para aprender tudo o que puder antes de tomá-las. Mas, na maioria das vezes, terá de resolver diversos assuntos diante de incertezas enormes. Isso é ser um empreendedor.

Sair da zona de conforto é muito mais fácil do que você imagina. Comece passeando por aí para fazer novas amizades. Repare nas diferentes maneiras como as pessoas vivem suas vidas. A zona de conforto delas pode ser completamente diferente da sua. Faça amigos e disponha-se a praticar atividades que você nunca fez antes.

Não tenha medo de viver o presente. Aceite que você não pode saber ou ter tudo, portanto, não se preocupe excessivamente com o que os outros irão pensar. Faça umas bobeiras de vez em quando. Mande mensagens para pessoas que, talvez, nunca lhe responderão. Cante em público. Viaje com amigos para lugares desconhecidos. As pessoas mais carismáticas que conheço não têm receio de ser espontâneas. Pelo contrário, têm medo de perder uma boa oportunidade.

> “Sair da zona de conforto é muito mais fácil do que você imagina.

Você vê que as possibilidades são infinitas quando sai da sua zona de conforto. Dessa forma, percebe-se que nada é impossível de se conquistar e, de repente, surge coragem de tomar as medidas necessárias para atingir cada um dos seus sonhos, mesmo que isso requeira confrontar seus medos. No começo é difícil e corre-se o risco de voltar aos hábitos antigos. Mas, após passar dessa fase, virá um sentimento incrível. Vale a pena experimentar essa sensação todos os dias.

21 Impressione o mundo com a sua iniciativa

Iniciativa é uma das características mais poderosas que você pode ter. Se pararmos para observar, constataremos que frequentemente há alguém gerando trabalho para nós. Sejam nossos professores, pais ou patrões, quase sempre há pessoas nos passando tarefas para terminar.

É ótimo corresponder às expectativas. Mas é sensacional quando você vai completamente além do esperado. A melhor maneira de surpreender as pessoas é demonstrando iniciativa. Não tenha medo de pensar de modo diferente ou iniciar os próprios projetos. Comece agora, não espere alguém lhe pedir algo.

Tente estar sempre um passo à frente. Não siga regras quando se trata de conquistas. Todos os seus amigos procuram emprego quando estão no terceiro ano de faculdade? Encontre um trabalho no primeiro ano. Você ama guitarra e seu professor de música espera que você pratique uma hora por dia? Exercite-se muito mais. Todo mundo começa a se preparar para o vestibular alguns meses antes da prova? Comece a estudar anos antes. Os colegas são promovidos a

“Iniciativa é uma das características mais poderosas que você pode ter.

cada dois anos em sua empresa? Tenha um desempenho fenomenal e seja promovido mais rapidamente.

Às vezes não dará certo, mas ter a iniciativa de seguir em direção a algumas dessas metas é a parte mais difícil. Depois de começar, sempre se esforce para fazer o seu melhor.

Constantemente, seus objetivos também dependerão de outras pessoas. Vamos supor que você esteja passando por um período conturbado no emprego. Se você achar que algo não está indo bem, converse. Mas não basta reclamar. Busque soluções para os problemas. Se estiver preparado para melhorar a situação de todos, você será muito respeitado e começará a construir uma ótima reputação.

Você é capaz de coisas que nem imagina. Faça uma lista com algumas de suas metas para o ano. Se tiver iniciativa, provavelmente alcançará cada uma. Surpresas são boas também, mas a sensação de ter controle sobre sua vida é simplesmente indescritível. Imagine que a cada ano você pode realizar todos os desejos com que sonhou. Com iniciativa, isso pode se tornar uma realidade.

Todos os dias você toma decisões que refletem na qualidade do que faz. Pare e preste atenção às pequenas e às grandes mudanças que você pode fazer para ser melhor a cada dia. Pense em como usar a iniciativa para ir além das expectativas. No final, conseguirá surpreender a si mesmo.

“A melhor maneira de surpreender as pessoas é demonstrando iniciativa. Não tenha medo de pensar de modo diferente ou iniciar os próprios projetos.”

22 Surpreenda-se com o talento que existe neste mundo

No final de 2011, tive a ideia de escrever um livro on-line contando algumas das lições que aprendi nos últimos anos. Porém, eu temia não ter tempo para executar esse projeto. Isso quase fez com que eu não desse o primeiro passo em direção à criação deste livro.

É impressionante como dar o primeiro passo rumo a uma meta faz toda a diferença. Com foco, boa vontade, animação e planejamento, qualquer objetivo se torna muito mais atingível. A criação desta obra é um exemplo. Mesmo sendo o meu primeiro livro, a produção acabou sendo natural, prazerosa e rápida. Isso apenas foi possível porque aprendi o poder de simplificar e, acima de tudo, porque pessoas maravilhosas resolveram me ajudar.

Não tenha medo de simplificar. Complexidade pode travar projetos. Por exemplo, decidi primeiramente disponibilizar este livro na internet. Isso eliminou vários procedimentos complexos de logística, como a impressão das cópias e a distribuição por todo o país. Ao facilitar o acesso, automaticamente milhões de pessoas pelo mundo afora puderam conhecê-lo.

Outro componente que simplifiquei foi o preço. Minha meta era alcançar o maior número de pessoas interessadas em empreendedorismo. Então, resolvi eliminar qualquer complexidade relacionada a pagamentos e liberá-lo gratuitamente.

Mas o que realmente tornou este projeto possível foi o trabalho em equipe. Comecei a escrever no final de 2011, mas já faz anos que penso em como alguns aprendizados têm mudado minha vida. Inicialmente, deixei minha mente jorrar todos os pensamentos que eu tinha sobre empreendedorismo e depois adicionei estrutura às páginas e mais páginas que tinha escrito. No começo de fevereiro de 2012, o conteúdo do livro estava praticamente pronto.

> “É impressionante como dar o primeiro passo rumo a uma meta faz toda a diferença.

Mas isso era apenas parte do trabalho. Para mim, os detalhes importam, e eu queria publicar um livro que fosse confortável de ler. A equipe que me ajudou ultrapassou todas as expectativas nesse quesito. Ainda mais interessante, para mim, foi perceber que fui ajudada por várias pessoas que têm uma filosofia de trabalho extremamente alinhada com as ideias que exponho nesta obra. Isso mostra que, independentemente de eu ter aprendido várias dessas lições no Vale do Silício, elas se aplicam a qualquer geografia. Quase todo mundo que ajudou com o projeto mora no Brasil.

Eu não tenho palavras para descrever o quanto esses profissionais me surpreenderam. De iniciativa a determinação, de criatividade a paixão, eles têm todas as características necessárias para fazer qualquer projeto acontecer.

Durante os meses em que trabalhei neste livro, também aprendi uma lição que mudará minha vida para sempre: há uma quantidade absurda de talento neste mundo. As pessoas têm um potencial gigantesco, e, se você observar, vai se surpreender com o que elas são capazes de criar. E, quando isso acontecer, você sentirá a mesma alegria e esperança em relação a um mundo melhor que estou sentindo.

“Há uma quantidade absurda de talento neste mundo.

Mal posso esperar para ver o que vocês criarão nos próximos anos e espero que este livro seja uma boa ferramenta para ter ao seu lado nessa jornada. Surpreendam o mundo com seu talento e trabalho!

Bibliografia

BLANK, Steven Gary. *The four steps to the epiphany: Successful strategies for products that win*. Estados Unidos: Cafepress.com, 2005.

BRANSON, Richard. *Perdendo minha virgindade*. São Paulo: Editora de Cultura, 1999.

FELD, Brad e COHEN, David. *Do more faster: Techstars lessons to accelerate your startup*. Estados Unidos: Wiley, 2010.

FELD, Brad e MENDELSON, Jason. *Venture deals: Be smarter then your lawyer and venture capitalist*. Estados Unidos: Wiley, 2011.

ISAACSON, Walter. *Steve Jobs*. São Paulo: Companhia das Letras, 2011.

KROC, Ray. *Grinding it out: The making of McDonald's*. Estados Unidos: St. Martin's Press, 1992.

LIVINGSTON, Jessica. *Startup – Fundadores da Apple, do Yahoo!, Hotmail, Firefox e Lycos contam como nasceram suas empresas*. Rio de Janeiro: Editora Agir Negócios, 2009

MELLO, Pedro e VIDIGAL, Marina. *Startup Brasil – Fundadores de O Boticário, Locaweb, Cacau Show, BuscaPé, Gran Sapore, Grupo Arizona, AgênciaClick, Turma da Mônica, Flytour e AGV Logística contam como nasceram suas empresas milionárias*. Rio de Janeiro: Editora Agir Negócios, 2011.

OSTERWALDER, Alexander e PIGNEUR, Yves. *Inovação em modelos de negócios – Business model generation*. Rio de Janeiro: Alta Books, 2011.

RIES, Eric. *A startup enxuta (The lean startup) – Como os empreendedores atuais utilizam a inovação contínua para criar empresas extremamente bem-sucedidas*. São Paulo: LeYa Brasil, 2012.

SEELIG, Tina. *Se eu soubesse aos 20... Lições para ser bem-sucedido em qualquer idade*. São Paulo: Da Boa Prosa, 2011.

3ª Reimpressão	Junho 2014
Papel de miolo	Off Set 75G/M²
Papel de capa	Cartão Supremo 250 G/M²
Tipografia	Perpetua e Linotype Univers